- 꼭 드리고 싶은 마음의 말 -

영원을 준비하고
계시나요?

- 꼭 드리고 싶은 마음의 말 -

영원을 준비하고
계시나요?

윤광원 지음

머리말

번민하는 사람이 있었습니다. 그는 수많은 책으로 장식된 방에서 괴로워했습니다.

"인생은 어디에서 왔다가 어디로 가는 것일까?"

아무리 많은 책을 읽고 탐구해 보아도 알 길이 없었습니다.

"도대체 어디에서 왔다가 어디로 간단 말인가?"

그는 견디지 못하여 방문을 박차고 뛰어나와 어디론가 가기 시작합니다. 오직 그의 머릿속에는 '어디에서 왔다가 어디로?'라는 의문이 쉼 없이 외쳐지고 있었습니다. 너무나 번민한 나머지 향방 없이 방황하다가 지나가던 사람과 이마를 맞부딪히게 됩니다.

"아니, 이 사람이 대낮에 길도 모르는가?"

"예, 바로 길을 몰라서요."

"도대체 어디에서 왔다가 어디로 가는지도 모른단 말이오?"

"예, 바로 길을 몰라서."

"참으로 이상한 사람이군!"

이는 독일 베를린 대학교의 철학 교수였던 쇼펜하우어가 어느 날 겪은 일이라고 전해집니다.

고등학교 시절, 저에게도 이런 방황이 있었습니다. 길을 알 수 없는 인생이 너무 허무해서 자살하려던 저에게 예수님은 찾아와 만나 주셨습니다.

예수님이 곧 길이요, 진리요, 생명임을 보여 주셨습니다.

예수님을 전하고 싶습니다.

간절한 마음으로 이 글을 드립니다.

한번은 중학교 졸업반 학생들이 학급 문집에 실으려고 앙케트를 실시하였습니다. 그중에는 "졸업하는 저희에게 해주고 싶은 말씀을 써주세요."라는 내용이 있었습니다. 평소 마음에 있던 말을 할 수 있는 절호의 기회라고 생각해 이렇게 써 주었습니다.

"무슨 이야기를 어떻게 해야 할까? 눈물 없이는 들을 수 없는 무슨 감동적인 이야기가 없을까? 가슴이 터질 듯이 기쁘고 눈시울이 뜨겁도록 훈훈한 이야기는 없을까? 배꼽 잡고 웃으면서도 의미심장하고 가슴 벅차게 받을 수 있는 이야기, 가슴 후련한 이야기, 살맛 나는 이야기, 자살을 포기할 수 있는 이야기, 그런 이야기가 없을까?

나에게는 그런 이야기가 있다. 내가 죽으면서라도 외치고 싶은 이야기, 내가 그것 때문에 죽을 수도 있고 그것 때문에 살

수도 있는, 그것으로 인하여 감격하며 그것으로 인하여 가슴이 후련하며 그것으로 인하여 마음이 뜨거우며 그것으로 인하여 살맛 나는 이야기. 그것이 나에겐 있다.

그것이 예수 그리스도의 복음이다. 이 이야기를 듣고 싶지 않은가? 성경은 사실이며 예수님은 우리가 믿고 따라야 할 최후의 진리요, 길이요, 생명임을 목숨을 걸고 이야기하고 싶다. 예수님을 믿고 따르는 길만이 유일한 희망이다. 졸업하는 여러분들에게 남기고 싶은 말은 오직 '예수님을 구세주와 주님으로 믿으세요.' 이 한 가지뿐이다."

학생들뿐만 아니라 아직 예수님을 모르는 모든 분들에게, 아직 구원의 확신이 없는 분들에게 이렇게 고백하고, 외치고 싶습니다.

여기에 실린 글들은 그런 소원이 담겨 있습니다. 진지하게 음미하면서 읽으신다면 제가 믿는 예수님을 여러분도 틀림없이 만나게 될 것입니다. 제가 그토록 이야기하는 이유를 알게 될 것입니다.

이 부족한 책을 특별히 사랑하는 동생 종원, 일원, 전원, 선옥, 선희 그리고 그 가족들에게 바칩니다.

2019년을 보내며
윤광원

목 차

영원을
준비하고 계시나요?

우리의 인생이 하루살이 같다면 얼마나 허무할까요?
하루살이가 내일을 모르고, 매미가 내년을 모르듯이 인간이 내세
와 영원을 모르면서 이 세상이 전부인 것 같이 발 앞의 일만을
생각하며 살아간다면 이 얼마나 어리석고 안타까운 일일까요?

영원을
준비하고 계시나요?

이런 우화가 있습니다.

어느 더운 여름날 하루살이 한 마리가 매미를 친구로 사귀게
되었습니다.
둘은 친구가 되어 종일 재미있게 보냈습니다.
해가 지고 저녁이 되자 매미가 "내일 또 만나자."라고 하루
살이에게 말했습니다.
그러자 하루살이가 물었습니다.
"내일이 뭔데?"
"내일이란 저기 보이는 태양이 서쪽으로 사라지면 캄캄한 밤
이 오고 그 밤이 지나 저 태양이 다시 떠오르면 내일이야."
매미는 대답했습니다.
하루살이는 매미가 한 말을 알아듣지 못했지만 해가 저물어
헤어졌습니다.
다음 날 매미는 하루살이를 찾아 나섰으나 하루밖에 살지 못

하는 하루살이는 나타나지 않았습니다.

매미는 외롭고 쓸쓸하게 지내던 중 개구리와 사귀게 되었습니다.

가을이 깊어 추워지자 개구리는 매미에게 "따뜻한 내년 봄에 만나자."라고 했습니다.

그러자 매미는 물었습니다.

"내년이 뭔데?"

"내년이란 이 가을이 지나고 흰 눈이 덮이는 추운 겨울이 지난 후에 오는 거야."

개구리는 대답했습니다.

매미는 알아듣지 못했지만 날씨가 추워져 개구리는 매미와 헤어졌습니다.

개구리는 이듬해 봄에 그 매미를 찾았으나 더 이상 만날 수 없었습니다.

우리의 인생이 하루살이 같다면 얼마나 허무할까요?

하루살이가 내일을 모르고, 매미가 내년을 모르듯이 인간이 내세와 영원을 모르면서 이 세상이 전부인 것 같이 발 앞의 일만을 생각하며 살아간다면 이 얼마나 어리석고 안타까운 일일까요?

이 세상을 살아가는 데 필요한 돈과 지식과 명예와 권력만을 추구하다가 어느 날 갑자기 죽음이 찾아온다면 인생이 얼마나 허망할까요? 오늘도 정신없이 바쁘고 피곤하고 힘든 하루였습니다. 이렇게 살다가 어느 날 죽음이 눈앞에 다가온다면 어떻게 하시렵니까?

성경은 분명히 영원한 내세가 있다고 말합니다.
성경은 분명히 죽음 후의 영원한 세계가 있다고 말합니다.
사람이 죽는 것은 하나님께서 정하신 이치입니다.
예수님을 믿는 사람은 천국에서 영원히 행복하게 살겠지만 믿지 않는 자는 지옥에서 영원한 형벌을 받게 될 것입니다.

예수님을 믿는 것은 개인의 자유지만 결과는 개인의 자유와는 전혀 상관이 없습니다.
믿든지 안 믿든지 내세는 존재합니다.
믿든지 안 믿든지 죽음 후의 영원한 세계가 있습니다.
믿든지 안 믿든지 천국과 지옥은 존재합니다.

예수님을 믿는 길만이 이 세상 허무에서 벗어날 수 있는 유일한 길입니다.
오직 예수님을 믿는 길만이 참된 행복을 보장받는 길입니다.

예수님을 믿는 길만이 천국을 보장받는 단 하나밖에 없는 길
입니다.
예수님을 믿는 길만이 영원한 내세를 보장받는 유일한 길입
니다.

예수 믿으세요.
예수님께 초청합니다.
당신의 신앙생활을 성심성의껏 도와드리고 싶습니다.

인생의
결국이 무엇일까요?

아리스토텔레스는 왕자의 눈을 똑바로 보며 신중하게 말했습니다.
"그렇다면 그렇게 멀리 돌아다니며 고생하다 죽으나, 지금 죽으
나 큰 차이가 없겠습니다."

인생의
결국이 무엇일까요?

안녕하십니까?

그동안도 어떻게 보내셨습니까?

오늘도 다시 한번 제가 발견한 참으로 복되고 행복한 삶의
길을 말씀드리고 싶어 또 글을 올립니다.

이런 이야기가 전해지고 있습니다.

알렉산더 대왕의 어린 시절에 그의 가정교사였던 철학자 아
리스토텔레스가 하루는 이렇게 물었습니다.

"왕자님께서는 임금님이 되시면 무슨 일을 하시겠습니까?"

"희랍을 통일하겠습니다."

"그 후에는 무슨 일을 하시겠습니까?"

"소아시아를 정복하겠습니다."

"그 뒤에는 또 무엇을 하시겠습니까?"

"팔레스타인과 이집트를 점령할 것입니다."

"그 뒤에는요?"

"페르시아와 인도까지도 손에 넣겠습니다."

"인도 점령이 끝나면 또 무슨 일을 하시겠습니까?"

"그때쯤 저는 죽겠지요."

아리스토텔레스는 왕자의 눈을 똑바로 보며 신중하게 말했습니다.

"그렇다면 그렇게 멀리 돌아다니며 고생하다 죽으나, 지금 죽으나 큰 차이가 없겠습니다."

인생의 결국이 무엇입니까?

미국의 백만장자였던 제이 굴드는 이렇게 말했습니다.

"나야말로 세상에서 가장 처절한 인간 같구나!"

향락을 최고로 누렸던 영국의 시인 바이런도 이렇게 말했습니다.

"나는 벌레구나! 나는 괴로움 덩어리구나! 오직 비통만이 나의 것이로구나!"

최고의 명예와 지위를 누렸던 영국의 비스콜드도 이렇게 말했습니다.

"청년시대는 과오의 때, 장년기는 싸움의 때, 노년기는 후회의 때!"

프랑스 최고의 지성인이라고 할 수 있는 볼테르도 이렇게 말했습니다.
"내가 차라리 태어나지 않았더라면 더 좋았을 것을!"

콩주머니를 옆에 차고 조금씩 콩을 떨어뜨리면 수없이 많은 돼지들이 오직 콩을 먹기 위해 어디로 가는지조차 모르고 뒤따라갑니다.
아무런 저항 없이, 아니 자발적으로 따라간 곳은 바로 도살장입니다.

우리도 물질과 향락과 명예와 지식을 정신없이 뒤따르다 죽는 것은 아닐까요?

내세를 준비하지 못한 사람은 허무하게 고통 받으며 죽을 수밖에 없습니다.
하나님의 살아계심과 역사하심을 믿지 않고 천국도 지옥도 부정한 사람은 결국 자기 인생을 후회하고 고통 받으며 죽게 될 것입니다.

러시아의 소설가 솔제니친은 이렇게 말했습니다.
"현대 세계의 비극은 현대인들이 하나님을 떠난 데 있다."

세상에서 최고의 부귀와 영화를 누렸던 솔로몬은 이렇게 말했습니다.
"헛되고 헛되며 헛되고 헛되니 모든 것이 헛되도다. 사람이 해 아래서 수고하는 모든 수고가 자기에게 무엇이 유익한고(전도서, 1장 2-3절)?"
"일의 결국을 다 들었으니 하나님을 경외하고 그 명령을 지킬지어다. 이것이 사람의 본분이니라(전도서, 12장 13절)."

기독교에 대하여 알아보시지 않겠습니까?
성경을 읽어 보시지 않겠습니까?
예수님이 어떤 분인지 궁금하시지 않습니까?
예수님만이 인생의 모든 문제를 해결하실 수 있습니다.
인생 문제의 궁극적인 해답이 그분께만 있습니다.
궁극적인 행복이 그분께만 있습니다.
수십 년을 책 속에 파묻혀 고민해 보고 현실의 삶 속에 뛰어들어 경험해 보아도 오직 이 한 길, 예수님을 믿는 길밖에 없음을 목숨을 걸고 확신합니다.

꼭 예수 믿고 구원받아 참 행복과 진실한 삶을 찾으시길, 영원한 천국의 행복을 보장받으시기를 간절히 기도합니다.

안녕히 계십시오.

무엇이
우리를 행복하게 할까요?

만일, 돈 때문에 행복을 느낀다면 돈이 없어졌을 때에는 어떻게
될까요?
지식이나 건강이나 권력이나 명예나 사회적 지위나 업적이나 선
행 때문에 행복할 수 있다면 이러한 것들을 잃을 때에는 불행하
게 되겠지요.
이 모든 것들이 영원한 것은 아니니까요

무엇이
우리를 행복하게 할까요?

무엇이 우리를 행복하게 할까요?

돈이 우리를 행복하게 할까요?

아니면 지식이 우리를 행복하게 할까요?

아니면 건강이 우리를 행복하게 할까요?

또는 권력이나 사회적 지위나 명예가 우리를 행복하게 할까요?

어떤 위대한 업적을 쌓거나 착한 일을 하거나 많은 사람들을

도와주면 행복할까요?

물론 그런 것들이 사람이 살아가는 데 전혀 필요 없는 것들

이라고 말할 수는 없겠지요?

그러나 그것들이 진정으로 행복을 가져다줄 수 있을까요?

만일 그렇다면 돈 때문에 행복을 느끼는 사람은 돈이 없어졌

을 때에는 어떻게 될까요?

지식이나 건강이나 권력이나 명예나 사회적 지위나 업적이

나 선행 때문에 행복할 수 있다면 이러한 것들을 잃었을 때

에는 불행하게 되겠지요.
이 모든 것들이 영원한 것은 아니니까요.

돈, 지식, 권력, 사회적 지위, 명예가 모두 있었고 많은 여자
와 사귀기도 해 보았던 세계적인 문호 괴테는 이렇게 말했습
니다.
"내 인생 70에 마음이 편한 날이 이틀도 안 된다."

일류 만화가 랄프 바톤도 죽기 전에 이렇게 말했습니다.
"나는 친구가 많았고 성공도 했으며 어려움이라고는 별로
없었습니다. 아내를 마음대로 바꾸었고 이 집 저 집 옮겨 살
아 봤으며 여러 나라를 여행도 해 보았으나 단 하루도 마음
의 피로가 그친 날이 없었습니다."

시인 바이런도 이렇게 말했습니다.
"내 인생은 만추의 낙엽이라. 꽃과 열매는 다 떨어지고 벌레
와 낡음과 비애만이 내 것이 되었구나!"

문학의 천재 소로도 이렇게 말했습니다.
"사람은 대부분 고요한 절망 속에 살고 있다."

무엇이 참으로 우리를 행복하게 할까요?

『행복론』의 저자로 유명한 스위스의 철학자 힐티는 그의 행복론의 결론을 이렇게 내렸습니다.

"인생 최대의 행복은 하나님 곁 가까이에 있는 것이다."

하나님의 사랑을 깨닫고 그 사랑에 감격하여 그 사랑에 감사하며 사는 삶보다 더 행복한 삶이 어디에 있을까요?

일제강점기의 추운 겨울, 만주 지방에서 있었던 일입니다. 의지할 데 없는 만삭이 된 부인이 평소 알고 지내던 친구의 도움을 받기 위해 친구 집을 향해 무거운 발걸음을 옮기고 있었습니다. 거의 도착하여 친구 집이 보이는데 눈보라는 세차게 몰아칩니다. 그러나 점점 심해 오는 진통으로 더 이상 걸을 수 없었습니다. 겨우 가까운 다리 밑으로 피한 부인은 옥동자를 낳았습니다. 차가운 눈보라는 더욱 세차게 몰아치는데 갓 태어난 아기에게 덮어 줄 만한 것은 아무것도 없었습니다. 이 부인은 자신이 입고 있던 옷을 하나하나 벗어서 갓난아기를 포근하게 감싸 주었고, 그 여인은 결국 그 자리에서 얼어 죽고 말았습니다.

이튿날 아침 친구 부부가 다리를 건너가다가 누더기 속에서

울고 있는 갓난아기와 얼어 죽은 젊은 어머니를 발견하고 그 아기를 데려다가 길러 주게 되었습니다.

이 소년은 12살이 되던 생일날 친구 부부로부터 자기가 어떻게 이 집에 오게 되었는지 듣게 되었고 곧 어머니의 무덤을 찾아가게 되었습니다. 그곳에 도착하자 고개를 떨군 채 눈물을 흘리면서 소년은 입고 있던 옷을 하나하나 벗어 무덤을 덮었습니다. 그리고 발가벗은 채 눈 속에 무릎을 꿇고 앉아 떨리는 목소리로 울었습니다.
"어머니, 어머니, 저 때문에 얼마나 추우셨어요? 그때는 이보다 더 추우셨지요? 어머니, 어머니…."

누가 이 어머니보다 더 큰 사랑을 가졌을까요?
여기에 있습니다.
예수님의 사랑입니다.

그분은 예루살렘 성 밖 갈보리산 언덕에 세워진 십자가 위에서 가시로 이마가 찢겨진 채 손발이 못에 박혀 처참하게 돌아가셨습니다.

왜요?

죄로 말미암아 사탄의 종노릇을 하다가 저 지옥으로 떨어질 수밖에 없었던 저와 형제님을 구원하기 위해서 인간의 몸을 입고 이 세상에 오셔서 인간의 모든 질고를 다 겪으시고 온갖 고난을 다 당하시면서 인류 최대의 악형인 십자가의 형벌을 당하셨습니다.

이것이 예수님의 사랑입니다.
이 예수님을 구주와 주님으로 믿을 때 우리는 참 행복을 누릴 수 있습니다.
부디 예수 믿으세요.

누가
가장 어리석은 자일까요?

돌아올 수 없는 마지막 여행을 잘 준비한 사람은 가장 지혜로운 사람입니다.
그러나 모든 것을 다 잘 준비했어도 돌아올 수 없는 마지막 여행을 준비하지 못한 사람은 가장 어리석은 사람입니다.
돌아올 수 없는 마지막 여행인 죽은 후의 내세를 준비하십시오.

누가
가장 어리석은 자일까요?

이런 이야기가 있습니다.

옛날 어느 궁중에 한 광대가 있었는데 왕을 웃겨서 즐겁게 해드리는 일을 맡고 있었습니다. 그래서 그 광대는 매일 어떻게 하면 왕을 웃길 수 있을지 연구했습니다. 그런데 그 광대가 맡은 역할 중 하나가 왕이 잘못했을 때 그 잘못을 책망하는 풍자놀이도 가끔 해서 왕의 잘못을 뉘우치게 하는 일이었습니다. 이 때문에 광대는 영리한 말을 하다가도 멍청한 짓을 해서 왕을 웃기곤 하였습니다.

어느 날 광대가 얼마나 어리석은 짓을 했는지 왕은 그에게 지팡이를 주면서 "너보다 더 멍청한 사람이 있으면 이 지팡이를 주거라."라고 말했습니다.
몇 년이 지나 그 왕이 임종을 맞게 되자 가족들과 친척들,

그리고 신하들이 모였고, "이제 나는 다시 돌아오지 못할 먼 길을 떠난다."라고 고별의 인사를 하였습니다.

이때 광대가 불쑥 앞으로 튀어나와 이렇게 말했습니다.

"폐하, 한 가지 여쭐 말씀이 있습니다. 폐하께서는 다른 나라를 방문하실 때 반드시 사신을 먼저 보내 준비를 하게 하셨는데 이번 여행에도 준비를 하셨는지요?"

왕은 다른 여행에는 많은 준비를 하였으나 이번 여행에는 전혀 준비가 되어 있지 않다고 말하는 것이었습니다.

그러자 그 광대가 이렇게 말했습니다.

"그렇다면 이 지팡이를 받으셔야겠습니다. 나보다 어리석은 사람을 이제야 발견했습니다."

맞습니다.

돌아올 수 없는 마지막 여행을 잘 준비한 사람은 가장 지혜로운 사람입니다.

그러나 모든 것을 다 잘 준비했어도 돌아올 수 없는 마지막 여행을 준비하지 못한 사람은 가장 어리석은 사람입니다.

돌아올 수 없는 마지막 여행인 죽은 후의 내세를 준비하십시오. 천국과 지옥은 분명히 있습니다.

받아들이든지 받아들이지 않든지 간에 상관없이 천국과 지옥은 엄연히 존재합니다.

성경에서는 확실히 말하고 있습니다.

성경을 보면 우주만물이 생성될 때부터 인류의 종말 이후까지도 분명히 알 수 있습니다.

성경의 내용은 전혀 거짓이 없는 진리임이 갈수록 명백해지고 있기에 '성경(Bible)'은 모든 권위의 상징 같은 단어가 되었습니다.

성경은 죽은 후에 어떻게 될지도 명확히 보여 주고 있습니다.

하나님을 믿는 자는 천국에, 믿지 않는 자는 지옥에 떨어질 것이라고 말합니다.

성경은 내세를 어떻게 준비해야 하는지 명확히 알려 주고 있습니다.

인생의 궁극적인 행복이 그분께만 있습니다.

수십 년 동안 책 속에 파묻혀 고민해 보고, 현실 속에 뛰어들어 느껴 보아도 이 한 길, 예수님을 믿는 길밖에는 다른 길이 전혀 없습니다.

목숨을 걸고 확신합니다.

꼭 예수 믿고 구원받아 참으로 풍요롭고 가치 있고 행복한 삶을 사시기를 간절히 기도합니다.

영원한 천국의 행복을 준비하시기 바랍니다.

돌아오지 못할 영원한 내세를 준비하시기 바랍니다.

예수님만이
참 하나님이십니다 (1)

'사람'을 '하나님'이라고 부르면 그를 사람의 범주에서 신(神)의
존재로 올려놓기 때문에 전혀 다른 눈으로 그를 보게 됩니다.
어떤 사람이 청찬받을 만한 많은 훌륭한 점을 가지고 있다고 하
더라도 어떤 사람도 그 사람이 완전하다거나 하나님이라는 말에
는 동의하지 않습니다.

그러나 여기에 유일한 한 예가 있습니다.
역사상 자기 자신을 완전하다고 말했을 뿐만 아니라 자신을 '하
나님'이라고 주장한 한 사람이 있습니다.

그분이 바로 예수님이십니다.

예수님만이
참 하나님이십니다 (1)

우리가 친구나 직장 동료들과 재미있는 이야기를 하다가 약
점과 실수에 대하여 이야기를 시작했다고 생각해 봅시다.
모두 돌아가면서 자신의 제일 큰 약점이 무엇인지 이야기하
다가 제 차례가 되었습니다.
제가 정색을 하면서 "너희들은 다 약점을 가지고 있지만 나
에게는 흠이 없고 완전무결하단 말이야."라고 말한다면 모두
웃고 말 것입니다.
그래도 만일 심각하게 그것이 사실이라고 믿고 내게는 실수
가 없다고 생각하고 말한다면, 모두 저의 친구가 되려고 하
지 않을 것이며 제 곁을 떠나 버릴 것입니다.
또는 제가 현실에 눈을 뜨기 바라면서 비웃어 버리거나 불쌍
히 여길 것입니다.

또 다른 이야기를 예시로 하나 더 들어 봅시다.
어떤 학생이 친구들 가운데 앉아서 그가 다니고 있는 학교의

인기 있는 한 선생님에 대하여 이야기를 시작했다고 생각해
봅시다.

그는 그 선생님의 강의 시간 중 학생들을 매혹시키는 유머나
그가 가진 지식들에 대하여 여러 가지 찬사를 계속합니다.
그러다가 마지막에 "그렇기 때문에 그 선생님은 가장 이상
적인 하나님이다."라고 결론을 내린다면, 그 학생의 친구들
은 그 선생님에 대한 이야기에 귀를 기울이다가 '하나님'이
란 말이 나오자마자 생각이 달라지고 이제까지의 그 학생의
모든 이야기에 대해 믿지 않으려 할 것입니다.

이는 그 선생님이 하나님이 될 수 없음을 누구나 알기 때문
입니다.
'사람'을 '하나님'이라고 부르면 그를 사람의 범주에서 신
(神)의 존재로 올려놓기 때문에 전혀 다른 눈으로 그를 보게
됩니다.
어떤 사람이 칭찬을 받을 만한 많은 훌륭한 점을 가지고 있
다고 하더라도 어떤 사람도 그 사람이 완전하다거나 하나님
이라는 말에는 동의하지 않습니다.

그러나 여기에 유일한 한 예가 있습니다.
역사상 자기 자신을 완전하다고 말했을 뿐만 아니라 자신을

'하나님'이라고 주장한 한 사람이 있습니다.

그분이 바로 예수님이십니다.

그분은 자신을 이렇게 말씀하셨습니다.
"나는 부활이요, 생명이다."
"나와 하나님은 하나다."
"나는 길이요, 진리요, 생명이다."
"나는 하늘과 땅의 모든 권세를 가졌다."
"나는 영원하다."
"나는 죄를 사하는 권세를 가졌다."
"나를 보았거늘 하나님을 보이라 하느냐?"
"나를 본 자는 곧 하나님을 본 자다."

예수님을 따르던 사람들이나 그의 반대자들도 그가 하나님
임을 증언했습니다.
베드로는 "그리스도는 살아계신 하나님의 아들이다."라고 고
백했습니다.
의심 많던 도마도 "나의 주, 나의 하나님이다."라고 고백했습니다.
그의 반대자들도 "예수님은 진실로 하나님의 아들이다."라고
말했습니다.

대영백과사전에는 예수님에 대하여 20,000단어를 할애했습니다.

H. G. 웰스는 『역사의 개요』라는 책에서 예수님에 대하여 10페이지 이상 언급했습니다.

유명한 역사가 아놀드 토인비도 그의 유명한 기록들을 통해 예수님에 대하여 어떤 사람보다도 더 많이 기술했습니다.

나폴레옹은 이렇게 말했습니다.

"나는 인간에 대하여 잘 알고 있다. 그리고 예수 그리스도는 인간이 아니라는 것도 잘 알고 있다. 사람들은 다른 종교의 신들과 왕국의 조상들과 비교할 수 없는 예수 그리스도와 비교하여 같은 점을 찾으려 하는데 이는 쓸데없는 것이다. 다른 종교와 기독교의 차이점은 무한하다. 그의 가르침은 하나님의 계시이며 분명히 인간의 머리에서 나온 것이 아니다. 역사에서 아무리 찾으려 했으나 그리스도의 일생과 비슷한 어떤 것도, 예수 그리스도와 비슷한 어떤 인물도 찾을 수 없었다. 그에 대한 것은 언제나 상식 밖의 일 뿐이다."

J. J. 루소는 "소크라테스의 죽음과 생애가 한 현인의 일생이라면 예수 그리스도의 생애와 죽음은 하나님의 일생 바로 그것이었다."라고 말했습니다.

당신은 예수 그리스도를 누구라고 생각하십니까?

예수님이 누구십니까?

예수님을 누구로 보느냐 하는 문제는 당신의 운명을 좌우합니다.

예수 그리스도, 그분은 하나님이십니다.

우리의 구주와 주님이십니다.

그분을 나의 주 나의 하나님으로 영접하십시오.

예수님만이
참 하나님이십니다 (2)

예수님께서 하신 말씀을 할 수 있는 분은 하나님 자신이거나 아
니면 미치광이(정신병자)이거나 지옥의 악마이거나 지독한 사기
꾼일 것입니다.
당신은 예수님을 누구라고 생각합니까?

예수님만이
참 하나님이십니다 (2)

만일 석가모니에게 "당신은 브라흐마의 아들인가요?"라고 묻는다면, "아들아, 너는 아직 환상의 골짜기에 있구나!"라고 대답할 것입니다.

소크라테스에게 "당신이 제우스입니까?"라고 묻는다면, 그는 당신을 향해 비웃어 버릴 것입니다.

마호메트에게 "당신이 알라입니까?"라고 묻는다면, 그는 먼저 옷을 찢고 당신의 머리를 벨 것입니다.

공자에게 "당신이 천(天)입니까?"라고 묻는다면, "아아, 자연의 순리에 일치되지 않는 교훈은 좋지 않구나!"라고 대답할 것입니다.

우리가 알고 있는 위인들이나 성현들 중에 자기 자신을 '신

(神)' 또는 '하나님'이라고 말한 사람은 하나도 없습니다.

위대한 도덕가나 정치인이나 종교인이나 철학자나 성현으로서 예수님께서 말씀하신 것 같이 자신을 하나님이라고 말했다면 그런 말은 도저히 용납할 수 없습니다.

만일 그런 말을 한 사람이 있다면 그는 위대한 도덕가도 정치인도 종교인도 철학자도 성현도 될 수 없습니다.

예수님께서 하신 말씀을 할 수 있는 분은 하나님 자신이거나 아니면 미치광이(정신병자)이거나 지옥의 악마이거나 지독한 사기꾼일 것입니다.

당신은 예수님을 누구라고 생각합니까?

예수님은

1) 직접 자신을 하나님이라고 주장하셨으며,

2) 하나님만이 하실 수 있는 주장을 하셨으며,

3) 그를 따랐던 자들이나 반대했던 자들로부터 하나님이라는 칭호를 들으셨지만 부인하지 않으셨으며, 자기를 따르는 무리들이 그렇게 생각하는 것을 오히려 칭찬하셨습니다.

이제 여기에서 예수님께서 하나님이 아니라고 가정해 봅시다.

1) 만일 그의 주장이 하나도 진실이 아니었고, 그가 하나님이 아님을 알고 있었다면, 우리는 그에 대하여 어떤 결론을 내릴 수 있을까요?

지독한 사기꾼? 지독한 악마?

2) 만일 예수님이 정말 옳지 않았다고 가정해 봅시다. 이 모든 주장이 사실이 아니면서도 그런 광적인 주장을 그가 진실로 믿었다면 우리는 그에 대하여 어떤 결론을 내릴 수 있을까요?

미치광이? 정신병자?

3) 위의 두 대답이 성립될 수 있을까요?

만약 성립된다면, 거짓말이 진리보다 더 훌륭한 일을 성취해 온 셈이 됩니다.

그를 찬양하는 수많은 노래와 그림들, 세계 도서관과 책방마다 헤아릴 수 없이 쌓여 있는 그에 관한 책들과 문학작품들, 수많은 순교자들, 주일마다 그분께 경배를 드리고 찬양하기 위하여 예배를 하는 헤아릴 수 없이 많은 군중들, 그분의 말씀에 완전히 변화된 수많은 사람들….
거짓말이라면 이런 일이 도대체 어떻게 일어날 수 있겠습니까?

당신은 예수님을 누구라고 믿겠습니까?

단순히 한 인간으로서 예수님께서 말씀하신 것 같이 그런 말을 했다면, 그는 위대한 도덕적 스승이 될 수 없습니다.
그는 미치광이이거나 아니면 지옥의 악마일 것입니다.

당신은 둘 중의 하나를 선택해야 합니다.
예수님의 말씀이 모두 사실로서 하나님의 아들이든지, 아니면 미친 사람이거나 그보다 더 악한 그 무엇일 것입니다.

당신은 그에게 침을 뱉고 경멸하거나, 아니면 그의 발 앞에 엎드려 '나의 주, 나의 하나님'이라고 고백해야 합니다.

그러나 절대로 그가 위대한 도덕적 스승이라는 동정적 자세를 취하지는 말아야 합니다.
그분은 그런 선택의 여지를 남겨 두지 않았기 때문입니다.
이 시간 조용히 다시 한번 생각해 보시기 바랍니다.

아무리 열심히 노력해도, 세상적으로 아무리 성공해도, 예수님을 제대로 알지 못하고 제대로 믿지 못한다면 아무것도 아닙니다.

다 멸망할 수밖에 없고 허무한 데 방황하게 되기 때문입니다.

예수님이 누구십니까?

이것이 가장 중요한 첫 번째 인생의 질문입니다.

여기에 살길이 있기 때문입니다.

그는 단순히 세계 4대 성인 중의 한 사람이 아닙니다.

그는 단순히 하나의 종교 창시자가 아닙니다.

그는 단순히 위대한 교육자도 아닙니다.

그는 단순히 하나의 철학자도 아닙니다.

그분은 저와 당신의 구세주이십니다.

나의 주, 나의 하나님이십니다.

나의 생명이 되시고 나의 길이 되시고 진리가 되십니다.

꼭 예수님을 '나의 주, 나의 하나님'으로 믿어 구원받고 참행복을 찾으시기 바랍니다.

생(生)의 전부를
얻는 길은 무엇일까요?

영혼을 구원하지 못한다면 모든 것을 잃은 것입니다.
세상의 모든 부귀영화를 다 얻는다고 할지라도 자기 영혼이 구원
받지 못한다면 무슨 유익이 있겠습니까?

생(生)의 전부를
얻는 길은 무엇일까요?

이런 이야기가 있습니다.

인도의 세 힌두교 학자가 강을 건너려고 나루터로 나왔습니다. 날씨가 잔뜩 찌푸려져 비바람이 몰아칠 것만 같았으나 그들이 배를 탔으므로 늙은 뱃사공은 노를 젓기 시작했습니다.

그중 한 학자가 물었습니다.
"노인 뱃사공, 천문학에 대해서 좀 아십니까?"

이에 뱃사공이 이렇게 대답했습니다.
"나는 한평생 노만 저었기 때문에 다른 것에 대해서는 잘 모릅니다."

그러자 그 학자는 이렇게 말했습니다.
"허, 당신은 대부분의 생(生)을 헛살았군."

조금 후에 다른 학자가 뱃사공에게 힌두교의 철학을 아느냐고 물었습니다.
노인의 대답은 역시 같았습니다.

그러자 두 번째 학자는 이렇게 말했습니다.
"허, 당신은 반평생을 잃었군."

한참 후에 세 번째 학자가 이렇게 반문했습니다.
"그러면 힌두 경전이나 심리학, 그리고 생물학 등도 모르겠네요?"

그러자 그 노인은 몹시 짜증스럽다는 듯이 모른다고 대답했습니다.
이에 그 학자는 불쌍하다는 듯이 혀를 찼습니다.

이때 세찬 바람이 불어와 그 나룻배가 뒤집혔습니다. 세 학자는 살려달라고 비명을 질렀습니다.

그들을 향하여 그 노인 뱃사공은 이렇게 물었습니다.
"당신들은 수영도 못 배웠소?"
"참 딱하기도 하셔라. 그렇다면 당신들은 생(生)의 전부를 잃었군요."

그렇습니다.
천하를 얻고도 자기 목숨을 잃는다면 아무 유익이 없습니다.

영혼이 구원받지 못했다면 모든 것을 잃은 것입니다.
세상의 모든 부귀영화를 다 얻는다고 할지라도 자기 영혼이
구원받지 못한다면 무슨 유익이 있겠습니까?

그렇다면 영혼이 구원받을 수 있는 길은 무엇입니까?

그것은 예수님을 구세주와 주님으로 믿는 길입니다.
생(生)의 전부를 얻는 길은 예수님뿐입니다.
예수님만이 참 행복과 참 생명과 참 진리입니다.

이제 예수님을 믿는다는 것(영접)이 무엇인지 간략히 말씀드
리겠습니다.

첫째는 '자신이 죄인임을 솔직히 인정하는 것'입니다.

여기서 죄라고 하는 것은 단순히 법을 어겼다거나 부도덕하
다는 것만을 의미하지 않습니다. 삶의 무목적, 권태감, 미움

과 질투, 세속적 욕심, 안일과 나태와 같은 것들만을 의미하지 않습니다. 더 근본적인 죄의 문제는 '나'에게 본질적으로 선함과 의로움이 없다는 것입니다.

죄악된 욕망을 따라 살지 않는 인간은 아무도 없습니다. 자기 마음대로 자기중심적으로 살지 않는 인간은 아무도 없습니다. 하나님께서 내 인생의, 모든 우주의 주인이심을 부정하고 자기 자신이 주인 된 삶을 사는 것, 그것이 죄입니다.

그러므로 하나님 앞에서 어쩔 수 없는, 전혀 내세울 것이 없는 죄인임을 인정하지 않고는 예수님을 믿을 수 없습니다.

철학자 세네카는 "우리는 모두 죄를 범했다. 어떤 이는 더 많이, 어떤 이는 적게!"라고 말했습니다.

위대한 사상가 콜리지는 "나는 타락한 피조물이다."라고 고백했습니다.

성경은 '인간은 하나도 예외 없이 다 죄인이다'라고 선언합니다.
죄가 없다고 하는 자는 하나님을 속이는 자라고 성경에서 분명히 말합니다.

그리고 죄의 삯은 사망이라고 또한 단언합니다.
이것을 인정하고 받아들여야 합니다.

둘째는 '예수님을 구세주로 받아들이는 것'입니다.

오직 예수님만이 '나'의 죄를 대신 해결해 주실 수 있는 분
임을 믿어야 합니다.
예수님께서 '나'의 죄를 대신 지시고 십자가에서 돌아가셨음
을 믿어야 합니다.
그 피로 인하여 죄를 용서 받았다는 것을 믿어야 합니다.
예수님을 구세주로 믿어야 합니다.
예수님께 죄의 용서를 빌어야 합니다.

셋째는 '예수님을 주(主)님으로 모시는 것'입니다.

예수님을 내 삶의 주인으로 모셔야 합니다.
예수님을 내 삶의 주인으로 모신다는 것은 자신을 예수님의
종으로 인정하는 것입니다.
그것은 내 뜻대로 사는 것이 아니라 예수님의 뜻대로 사는
것을 의미합니다.
그러므로 예수님을 믿는다는 것은 자기를 부정하고 예수님
을 주인으로 섬겨 그의 뜻을 따르는 것입니다.

거기에는 자기의 뜻을 굽혀야 하는 어려움도 있고 고난과 핍박도 있을 수 있습니다.

그러나 그 모든 어려움과 비교할 수도 없는 큰 기쁨과 평안과 영생의 복을 주십니다. 또한 예수님을 의지하면 어떤 어려움도 이겨낼 수 있습니다.

그러므로 걱정하지 말고 모든 것을 예수님께 맡겨야 합니다.

넷째는 '예수님을 마음으로 믿고 입으로 시인하는 것'입니다.

사람들 앞에서 자신이 예수님을 믿는다는 것을 당당히 밝힐 수 있어야 합니다.

다른 사람에게 예수님을 믿는 것을 공개적으로 나타내지 못하고 부끄럽게 여기거나 숨기지 마십시오.

이제까지 말씀드린 것을 참고하시어 이번 기회에 꼭 예수님을 구세주와 주님으로 영접하시는 복을 누리시기를 빌고 또 빕니다.

생(生)의 전부를 잃는 어리석음을 결코 범하지 마시기를 간곡히 부탁드립니다.

이번 주부터 성경을 바르게 전하는 가까운 교회에 나오셔서 예수 믿고 영생의 복을 누리시기 바랍니다.

그리고 그다음에는?
그리고 그다음에는?

"그리고 그다음에는 죽음이다.
그리고 그다음에는 심판이다.
그리고 그다음에는 예수 안에서는 영원한 천국이고, 예수 밖에서
는 영원한 지옥이다!"

그리고 그다음에는?
그리고 그다음에는?

그리고 그다음에는?
그리고 그다음에는?
영원이다! 영원이다!

이것은 로마 우르반 대학의 대강당에 새겨져 있는 글입니다.

이런 글이 새겨진 데에는 유래가 있습니다.

로마 법대 졸업반에 고학생 한 사람이 있었습니다. 학비를
감당할 길이 없어서 그는 예수를 믿는 부자 노인인 필립 네
리를 찾아가 부탁을 했습니다. 네리는 그 부탁을 들어주기로
한 뒤 다음과 같은 질문을 했습니다.

노인: 그런데 이 돈으로 무엇을 하겠소?
학생: 우선 법대를 졸업해야겠습니다.

노인: 그리고 그다음에는?

학생: 변호사가 되렵니다.

노인: 그리고 그다음에는?

학생: 돈을 벌겠습니다.

노인: 그리고 그다음에는?

학생: 집을 짓고 그리고 결혼을 하겠습니다.

노인: 그리고 그다음에는?

학생: 자녀를 낳아서 교육을 시켜야지요.

노인: 그리고 그다음에는?

학생: 저도 점점 늙겠지요.

노인: 그리고 그다음에는?

학생: ….

젊은 학생은 대답을 하지 못하고 이런 생각을 하게 되었습니다.

'어느 날엔가 내 피는 멈추고 싸늘하게 식어 갈 것이다. 그리고 나를 위한 장례식이 있을 것이고, 어느 묘지에 묻히고 썩어 한 줌의 흙으로 변하겠지. 그리고 영원한 망각?….'

아무 대답이 없는 그 학생을 향하여 네리 노인은 엄숙히 입을 열었습니다.

"그리고 그다음에는 죽음이다.

그리고 그다음에는 심판이다.

그리고 그다음에는 예수 안에서는 영원한 천국이고, 예수 밖에서는 영원한 지옥이다!"

돈뭉치를 받아 든 이 학생은 진지하게 인생에 대하여 생각하게 되었습니다.

'그리고 그다음에는 죽음이다.

그리고 그다음에는 심판이다.

그리고 그다음에는 예수 안에서는 영원한 천국이고, 예수 밖에서는 영원한 지옥이다!'

그 음성은 부드러웠으나 그의 말은 결코 지워지지 않았습니다.

'그리고 그다음에는 죽음이다.

그리고 그다음에는 심판이다.

그리고 그다음에는 예수 안에서는 영원한 천국이고, 예수 밖에서는 영원한 지옥이다!'

그는 영원을 위한 현명한 결단을 내려 예수님을 믿게 되었고, 그가 훌륭하게 되어 우르반 대학을 세우게 되었고 대강

당에 이 말을 새겼다고 합니다.

이 이야기를 어떻게 생각하십니까?

소크라테스는 "비판적으로 음미해보지 않은 인생은 살 가치조차 없다."라고 했습니다.
인생의 종말을 진지하게 생각해 보지도 않고 바쁘고 피곤하다는 이유로 발등의 불부터 끄자는 식의 인생을 지속한다면 돌이킬 수 없는 엄청난 후회를 하게 될 것입니다.

철학자 키르케고르는 대학 시절에 이렇게 말했습니다.

"온 천하가 다 무너진다고 하더라도 이것만은 붙들고 놓을 수가 없다. 내가 그것을 위해 살고 그것을 위해 죽을 수 있는 진리와 사명을 찾아야 한다."

그렇습니다.
인생을 진지하게 생각합시다.
'그리고 그다음에는' 어떻게 무엇을 할 것인가를 깊이 생각합시다.
인생은 잠깐이지만 내세는 영원합니다.
내세 문제를, 영원의 문제를 좀 더 진지하게 생각합시다.

예수님께서 말씀하셨습니다.

"하나님이 세상을 이처럼 사랑하사 독생자(예수님)를 주셨으니 이는 저를 믿는 자마다 멸망치 않고 영생을 얻게 하려 하심이니라(요한복음, 3장 16절)."

"아들(예수님)을 믿는 자는 영생이 있고 아들을 순종치 아니하는 자는 영생을 보지 못하고 도리어 하나님의 진노가 그 위에 머물러 있느니라(요한복음, 3장 36절)."

'그리고 그다음에는 죽음이다.
그리고 그다음에는 심판이다.
그리고 그다음에는 예수 안에서는 영원한 천국이고, 예수 밖에서는 영원한 지옥이다!'

그렇습니다. 이 말은 진리입니다.
예수 믿고 영원한 천국의 행복을 누리시기를 간절히 빕니다.
이번 기회에 꼭 예수 믿으십시오.

무엇이
가장 소중할까요?

'좋은 것들은 가장 좋은 것의 적'이라는 말도 있습니다.
우리는 좋은 것들, 소중한 것들에 매달리다가 가장 좋은 것을, 가
장 소중한 것을 잃는 어리석음을 범할 수 있습니다.

무엇이
가장 소중할까요?

이런 이야기가 있습니다.

미시시피강을 달리던 여객선 하나가 심한 풍랑을 만나 파선되고 말았습니다. 그 배에는 캘리포니아에서 오는 금광 광부들이 가득 타고 있었습니다. 배가 파선되어 구명정이 동원되었으나 그 많은 승객의 4분의 1밖에 탈 수 없었습니다. 배 안은 난장판이 되었고, 많은 사람들이 갑판으로 나왔습니다. 구명정을 타지 못한 사람들은 헤엄을 쳐서 구사일생(九死一生)으로 강가에 이르렀습니다.

그런데 한 사람은 이 절호의 기회를 놓치지 않으려고 승객들이 버리고 간 금덩어리를 모조리 모아 갑판 위로 나왔습니다. 구명정에서 밧줄을 던져 주어 그 밧줄을 잡고 물로 뛰어든 순간 그는 그대로 물속으로 가라앉고 말았습니다. 구명정은 이미 만선이었기 때문에 그를 포기할 수밖에 없었습니다. 이후에 그의 시체를 인양해 보니 그의 허리에는 금덩어리가 주렁주렁 매달려 있었습니다.

어떻게 생각하십니까?

금덩어리가 아무리 소중하다고 하더라도 생명과 바꾸는 것은 좀 지나친 것이 아닐까요?

예수님께서는 이렇게 말씀하셨습니다.

"사람의 생명이 그 소유의 넉넉한 데 있지 아니하니라(누가복음, 12장 15절)."

"목숨이 음식보다 중하고 몸이 의복보다 중하니라(누가복음, 12장 23절)."

'좋은 것들은 가장 좋은 것의 적'이라는 말도 있습니다. 우리는 좋은 것들, 소중한 것들에 매달리다가 가장 좋은 것을, 가장 소중한 것을 잃는 어리석음을 범할 수 있습니다.

"사람이 만일 온 천하를 얻고도 제 목숨을 잃으면 무엇이 유익하리오? 사람이 무엇을 주고 제 목숨을 바꾸겠느냐?"

예수님께서는 이렇게 반문하십니다.

이 시간 진지하게 생각해 봅시다.

꼭 예수 믿어 가장 소중한 영생의 복을 누리시기를 간절히
빕니다.
이번 주일부터 성경을 바르게 가르치는 교회에 나가십시오.
영성교회로 오시거나 연락 주신다면 여러분의 구원을 위하
여 힘을 다하여 도와드리겠습니다.
지금 연락하십시오.
언제든지 환영합니다.
기회는 항상 오는 것이 아닙니다.
결단하시고 이번 기회에 꼭 예수 믿으시기를 간곡히 부탁드
립니다.

하나님의 존재를
어떻게 믿을 수 있을까요?

우리는 인간의 이성과 경험으로 하나님의 존재를 증명하거나 부
정하려는 교만함을 버리고 겸손히 무릎을 꿇고 하나님께 나아가
야 합니다.

하나님의 존재를
어떻게 믿을 수 있을까요?

안녕하십니까?

오늘도 정신없이 바쁜 하루였습니다.

잠시 마음의 여유를 찾아 하나님의 존재에 대하여 저와 함께 진지하게 생각해 보시지 않겠습니까?

하나님이 존재한다는 것을 어떻게 알 수 있을까요?

어떤 사람들은 자연과학적인 방법으로 하나님의 존재를 알려고 합니다.

그러나 불가능하지요.

자연과학적인 방법이란 것은 반복적으로 관찰하거나 실험을 할 수 있는 대상에게는 가능하지만 하나님의 존재는 그렇게 할 수가 없기 때문입니다.

영적인 존재를 어떻게 물량화하여 관찰하고 실험할 수 있겠습니까?

사랑이나 정의와 같은 정신적인 것도 물량화하여 측정할 수

없는데, 하물며 초월적인 영적 세계를 어떻게 그런 방식으로
알 수 있겠습니까?

많은 철학자들이 하나님의 존재를 증명하기 위하여 또는 부
정하기 위하여 인간의 이성을 총동원하여 수많은 주장들을
해 왔습니다.
그러나 그 어느 것도 완벽한 것은 없습니다.

그 이유가 무엇일까요?
하나님은 인간의 이성에 의하여 합리적으로 증명할 만큼 제
한된 존재가 아니기 때문입니다.
하나님은 인간의 경험에 의해 충분히 설명되지 않으며, 인간
의 경험의 테두리 안으로 가둘 수 있는 존재가 아니기 때문
입니다.
하나님을 인간의 이성과 경험의 틀 안에 가두어 둘 수 있다
면 그는 이미 하나님이 아닐 것입니다.
그는 존경의 대상은 될 수 있을지는 몰라도 전지전능(全知全
能)하신 하나님으로 숭배할 대상은 절대로 될 수 없습니다.
우리는 먼저 인간의 자연과학적 방법으로나 합리적인 설명
으로나 경험으로는 하나님의 존재를 완벽하게 증명할 수 없
고, 부정할 수도 없음을 겸손하게 인정해야 할 것입니다.

기원전 6세기의 철학자 크세노파네스는 다음과 같은 유명한 말을 남겼습니다.

"그렇다. 만약 사자나 소가 손이 있어 그림을 그릴 수 있고 인간처럼 예술 작품을 만들 수 있다면, 사자는 사자처럼 생긴 신(神)을 그릴 것이고 소는 소같이 생긴 신을 그릴 것이다. 누구든지 자기와 비슷한 형상의 신을 만들어 낸다. 에티오피아 사람들은 그들의 신들을 새까맣고 코가 납작한 것으로 생각하고, 트라키아 사람들은 그들의 신에게 빨간 머리와 파란 눈을 제공한다."

그렇습니다.
인간이 신의 존재를 증명하고 논해 보았자 인간이 가진 한계성을 초월할 수 없습니다. 그러나 그렇다고 포이어바흐식으로 신은 인간 자신의 이상적 투영에 불과하므로 신은 존재하지 않는다고 경솔하게 무신론을 펼 수도 없습니다.

하나님의 존재를 부정한다는 것은 인간에게는 도무지 감당할 수 없는 문제입니다.
하나님의 존재를 증명하는 것 이상으로 부정하는 것 또한 불가능합니다.

우주에는 지구의 100만 개 크기의 태양을 5억 개나 담을 수 있는 별이 있으며, 평균 1,000억 개의 별을 담고 있는 은하수가 이 우주에는 적어도 1억 개 이상이 존재합니다.

이러한 별들은 대부분 초고속으로 각기 다른 궤도와 주기를 가지고 움직이고 있음에도 불구하고 충돌 사고 한 번 없이 질서 정연하게 돌아가고 있습니다.

이러한 일이 전지전능하신 하나님 없이 단지 우연히 이루어지고 있다고 어떻게 단정할 수 있겠습니까?

두노위에 의하면 3,000개의 원자로 형성된 전형적인 단백질이 우연히 만들어질 확률은 2.02×10^{231}분의 1로서 실제로는 0입니다. 혹시 그 원소를 빛의 속도만큼 빠르게 뒤섞는다 해도 그것이 생명을 만들어 내기 위한 단백질 분자가 되는 데는 10×10^{234}억 년이 걸립니다.

그런데 과학자들에 의하면 지구상의 생명체는 길게 잡아도 고작 20억 년밖에 존재하지 않았다고 합니다.

그렇다면 하나님 없이 우연히 생물이 탄생했다는 주장이 얼마나 엉터리인지 금방 알 수 있습니다.

수학자 보렐의 연구에 의하면 단 하나의 생세포가 우연히 만들어질 가능성은 원숭이 무리가 타자기를 난타하여 전 세계

에 있는 서적을 일자 일구도 틀림없이 복사할 수 있는 확률
과 같습니다.

그런데 한 개의 세포는 서울시보다도 복잡하며 한 사람의 뇌
세포만도 수백억 개나 되니 인간이 하나님의 창조 없이 단지
우연히 만들어진다는 것은 불가능 그 자체입니다.

이 모든 것이 하나님 없이 우연히 이루어진 것이라고 말하기
에는 너무도 벅찹니다.
아예 모른다고 겸손하게 자세를 낮추는 것이 나을 것입니다.

현대인들은 인간의 이성과 경험에 맞지 않으면 쉽게 받아들
이지 않습니다.
하나님의 존재도 인간의 이성과 경험에 맞출 수 없기 때문에
쉽게 받아들이지 않습니다. 그러나 인간의 이성과 경험에 맞
출 수 있는 하나님은 인간의 이성과 경험의 틀에 매인 인간
에 의해 투영된 가공의 하나님일 가능성이 많기에 또한 받아
들일 수 없습니다.
그것이 똑똑한 현대인의 모습입니다.

그래서 철학자요, 수학자인 파스칼은 이렇게 외쳤습니다.
"하나님은 철학자의 하나님도 아니요, 과학자의 하나님도

아니요, 수학자의 하나님도 아니었다. 아브라함의 하나님이
요, 이삭의 하나님이요, 야곱의 하나님이었다. 내가 하나님
을 찾을 때 하나님은 숨어 버리시더니 내가 그 앞에 엎드릴
때 하나님은 나를 품어 주셨다. 찬양할지어다. 여호와 하나
님을!"

성경은 하나님의 존재를 증명하지 않습니다.
예수님도 하나님의 존재를 증명하지 않으셨습니다.
예수님의 제자들도 하나님의 존재를 애써 증명하지 않았습
니다.
성경은 하나님을 아는 것이 인간의 지혜로 되지 않고 오직
성령의 가르침으로 된다고 했습니다.
인간의 지식과 지혜로는 영적인 것을 알 수도 없고 도리어
미련하게 여길 뿐이라고 했습니다(고린도전서, 2장 13~15절).

예수님은 하나님을 믿으면 하나님을 알게 된다고 말씀했습
니다(요한복음, 11장 40절).

손봉호 교수는 『나는 누구인가』에서 이렇게 이야기합니다.
"현대인이 하나님을 믿기 어려워하는 것은 그만큼 자신의
지식과 경험을 중요시하기 때문이요, 가슴에 심어진 하나님

에 대한 느낌이 온갖 외적인 관심들에 의하여 억눌려지거나 여러 가지 매혹적인 이론들에 의하여 설명되어 버리기 때문일 것이다. 그리고 참 하나님 대신에 너무나 많은 인조 하나님들이 제조되어 우리를 유혹하기 때문일 것이다.

광대한 우주의 그 깊은 신비 앞에서 자신이 얼마나 미미한 존재인가를 깨닫는 것은 교만을 꺾는 데 도움이 될 것이다. 그리고 우리 가슴에 귀를 기울이며 거기에 심어진 하나님에 대한 느낌을 정직하게 받아들여 그 근원을 찾는 것이 하나님을 만나는 길이 아닌가 한다. 그리고 '하나님이여, 만약 당신이 계시거든 나로 하여금 당신을 믿게 하소서.'라는 기도는 역설을 포함하고 있지만 결코 무의미한 기도는 아닐 것이다."

우리는 인간의 이성과 경험으로 하나님의 존재를 증명하거나 또는 부정하려는 교만함을 버리고 겸손하게 무릎을 꿇고 하나님께 나아가야 합니다.

이번 기회에 꼭 예수님을 구세주 하나님과 주님으로 믿어 하나님의 자녀가 되는 복을 누리십시오.

안녕히 계십시오.

행복은
하나님과의 결합에 있습니다

그는 결국 이렇게 결론을 내렸습니다.
"행복은 우리의 내부나 외부 어느 한 곳에 있는 것이 아니라 우
리 자신과 하나님과의 결합에 있다."

행복은
하나님과의 결합에 있습니다

안녕하십니까?

그동안도 행복하고 보람 있는 인생을 살기 위해 얼마나 애쓰셨습니까?

미국의 유명한 한 잡지사에서 "가장 행복한 사람에게 일금 만 달러를 주겠다."라는 광고를 냈다고 합니다.

많은 사람들이 응모하여 자기의 행복함을 구구절절(句句節節) 늘어놓았습니다.

"그런데 그 만 달러가 왜 필요합니까?"라는 질문을 던지자 아무도 대답하지 못했습니다.

만 달러의 상금 때문에, 행복하지 못하면서도 행복한 것처럼 꾸며대는 그들이 한없이 가소롭습니다.

그들이 말하는 대로 행복이 절정에 도달했다면 그 만 달러가 왜 필요하겠습니까?

만 달러가 필요하다는 것은 그만큼 이상의 공백이 있다는 증

거이기 때문에 가장 행복한 사람이라고는 말할 수 없습니다.

그렇습니다.
돈을 더 많이 가질수록 더 행복해질 수는 없습니다.
돈이 우리의 행복을 보장해 주거나 증진시켜 줄 수 없기 때문입니다.

1923년 미국의 7대 재벌들이 시카고의 에즈워터 비치 호텔
에 모였습니다. 그들의 재력을 합치면 미국의 국고보다 많았
습니다. 여러 해 동안 신문, 잡지에서는 젊은이들에게 그들
을 성공의 본(本)이라고 이야기했습니다. 그런데 그로부터
25년 후 그들의 상황은 완전히 바뀌었습니다. 미국에서 가장
큰 철강회사 사장 찰스 스랩은 죽을 때 알거지였고, 백만장
자 밀수업자 아더 쿠텐도 알거지가 되어 낙망과 좌절 중에
죽어 갔습니다. 뉴욕 증권거래소 사장 리처드 휘트니는 오래
도록 감옥 생활을 했고, 대통령 각료까지 지낸 알버트 폴은
옥중에 있다가 겨우 사면(赦免)으로 집에서 운명할 수 있는
특혜를 받았습니다. 월 스트리트 증권가의 가장 큰 거물 제
시 리버모어나 국제 개발은행장 레온 프레이저도 자살했습
니다. 세계에서 가장 큰 전매업자 이반 크루겔도 스스로 자
기의 목숨을 끊었습니다. 그리고 그 거성(巨星)들이 모였던
시카고의 그 호텔조차도 흔적 없이 사라져 버렸습니다.

돈을 많이 번 것이 곧 성공이요, 행복이라는 생각이 얼마나 허망한 것인가를 너무나도 잘 보여 주는 이야기입니다.

예수님께서는 이렇게 말씀하셨습니다.

"또 비유로 저희에게 일러 가라사대 한 부자가 그 밭에 소출이 풍성하매 심중에 생각하여 가로되 내가 곡식 쌓아 둘 곳이 없으니 어찌할꼬 하고 또 가로되 내가 이렇게 하리라 내 곡간을 헐고 더 크게 짓고 내 모든 곡식과 물건을 거기 쌓아 두리라 또 내가 내 영혼에게 이르되 영혼아 여러 해 쓸 물건을 많이 쌓아 두었으니 평안히 쉬고 먹고 마시고 즐거워하자 하리라 하되 하나님은 이르시되 어리석은 자여 오늘 밤에 네 영혼을 도로 찾으리니 그러면 네 예비한 것이 뉘 것이 되겠느냐 하셨으니 자기를 위하여 재물을 쌓아 두고 하나님께 대하여 부요치 못한 자가 이와 같으니라(누가복음, 12장 16~21절)."

그렇습니다.
물질이 영혼을 보장할 수 없습니다.
물질이 영혼의 평안을 보장할 수 없습니다.

네로 황제가 살던 왕궁은 복도의 길이가 1마일(약 1,610m)이나 되는 대궁궐이었습니다. 궁궐 안의 모든 벽은 상아와 자개로 장식되었고 천장에는 값진 향수를 뿌리는 샤워 장치가 부착되어 있었습니다. 그가 쓴 왕관은 10만 달러가 넘었으며 옷은 너무나 많아서 한 번 입은 옷은 두 번 다시 입지 않았습니다. 그는 수많은 미녀들에게 둘러싸여서 세월이 가는 줄도 모르고 향락을 즐겼으며 그 앞에서는 이 세상의 온갖 희한한 게임과, 예술 활동들이 쉼 없이 연출되었습니다. 그러나 그에게는 만족이 없었고, 결국 자살하고 말았습니다. 권력도 향락도 참 행복과 평안을 보장해 주지는 못했습니다. 영혼 또한 보장해 주지 못했습니다.

1977년 3월 10일 K대학 철학 교수가 부인과 세 아이를 남겨 두고 H병원 12층에서 투신자살했습니다. 그해 5월 21일에는 서울 고등법원 판사가 목숨을 끊었습니다. 지성인이라고 불리는 교수와 판사의 자살 사건이 잇달아 일어나자 사람들은 큰 충격을 받았습니다. 그들은 교수와 판사가 되기 위해 얼마나 많은 수고와 각고의 노력을 했을까요? 사회적으로 흠모와 존경의 대상이었던 교수와 판사인 그들이 도대체 무엇이 부족하여 자살을 했을까요?

철학자 엠페도클레스, 수학자 피타고라스, 로마의 정치가이

자 철학자인 세네카, 여류 시인 사포, 저명한 『노인과 바다』의 작가 헤밍웨이, 노벨 문학상을 수상한 『설국』의 작가 가와바타 야스나리, 프랑스의 화가 빈센트 반 고흐, 음악가 슈만 등 당대에 존경받았던 지성인들인 이들 모두가 자살을 했습니다.

왜 그들은 자살할 수밖에 없었을까요?

지식을 위해 자신의 영혼마저 악마에게 팔아넘긴 『파우스트』의 주인공은 "나는 세상의 모든 학문을 통달했으나 하나도 변한 것은 없다."라고 했습니다.

물질도 지식도 명예도 진정한 행복을 가져다주지는 못했던 것입니다.

프랑스의 철학자요, 수학자였던 파스칼은 그의 『팡세』에서 이렇게 말했습니다.

"아아! 인간이여, 네가 비참에서 벗어나는 길을 네 자신에게서 아무리 찾아봐야 아무 소득이 없다. 네가 가진 모든 빛은 네 자신 속에서는 진리도 선(善)도 찾을 수 없음을 밝혀 줄 뿐이다. 철학자들은 너에게 그것을 찾아 주겠노라고 약속하

겠지만 그 약속을 지킬 수 없다. 그들은 너의 참된 선이, 참
된 갈구가 어떤 것인지도 알 수 없다. 너의 비참의 원인을
알지 못하면서 어떻게 너의 불행의 구제책을 가르쳐 줄 수
있겠는가?…"

그는 결국 이렇게 결론을 내렸습니다.

"행복은 우리의 내부나 외부 어느 한 곳에 있는 것이 아니라
우리 자신과 하나님과의 결합에 있다."

스위스의 철학자 힐티는 그의 유명한 『행복론』의 결론을 어
떻게 내렸습니까?

"인생 최대의 행복은 하나님 곁 가까이 있는 것이다."

그렇습니다.

예수님께로 한시 바삐 나오셔서 참 행복과 기쁨을 누리십시오.
이번 주에 꼭 영성교회로 오십시오. 힘껏 도와드리겠습니다.

성경은
진리입니다

고고학자 넬슨 글룩은 이렇게 말했습니다.

"이때까지의 고고학 발견 사실 가운데 성경의 기록과 어긋났던
것은 단 하나도 없었다고 단언할 수 있다."

성경은
진리입니다

안녕하십니까?

오늘은 기독교인이 삶의 절대적 기준과 하나님의 말씀으로
삼고 있는 성경에 대하여 말씀드리고 싶습니다.

아시다시피 '성경(바이블: Bible)'은 권위의 상징입니다.

그래서 권위를 나타낼 때마다 사람들은 '바이블'이란 단어를
사용합니다.

그렇습니다.

성경은 최고의 권위를 가진 경전입니다.

다른 경전과는 비교할 수 없는 절대적인 권위, 하나님으로
말미암는 권위를 가진 경전입니다.

다른 경전들은 사람의 지혜와 지식이 담겨 있지만 성경은 하
나님의 계시가 담겨 있습니다.

성경은 성령의 감동으로 되었습니다(디모데후서, 3장 16절;

베드로후서, 1장 20~21절).

다른 책들은 저자가 마음의 감동을 받아서 그의 체험과 지식과 지혜를 따라 기록한 것이지만 성경은 친히 하나님께서 그 내용을 직접 간섭하셔서 전혀 실수나 잘못 없이 하나님의 뜻을 기록했습니다. 곧 성경은 하나님 자신이 저자입니다.

찰스 웨슬리는 이렇게 말했습니다.

"성경을 고안한 자는 선인(善人) 내지 천사이거나, 악인 내지 마귀이거나, 아니면 하나님이거나, 이 셋 중의 하나일 것이다.

(1) 성경은 절대로 선인 내지 천사의 고안물일 수 없다. 왜냐하면 그들은 자기들 말에다 '여호와께서 가라사대'라고 시종 거짓말 딱지를 붙여서 책을 만들어 낼 수 없는, 그리고 그러지도 않을 사람들이기 때문이다.

(2) 성경은 악인 내지 마귀의 고안물일 수 없다. 왜냐하면 그들은, 인간에게 모든 도리를 명하고, 죄를 금하며, 또 자기들의 영혼을 정죄하여 영원히 지옥으로 보낸다는 내용을 담은 책을 만들어 낼 리가 만무하기 때문이다.

(3) 그러므로 결론은 하나다. 성경은 하나님의 영감에 의해

서 기록된 것임에 틀림없는 것이다."

플로이드 C. 맥켈빈은 성경이 하나님에 의해서 이루어졌음을 이렇게 이야기했습니다.

"몇 세기의 시간을 격하여 살았던 서로 다른 40명의 사람들을 생각해 보라. 문화도 다르고, 살았던 곳과 배경도 모두 다르다. 그 사람들이 각자 따로따로 예수님의 동상을 만든다고 생각해 보라. 어떤 사람은 발가락, 어떤 사람은 귀, 어떤 사람은 목, 어떤 사람은 턱, 어떤 사람은 다리, 어떤 사람은 어깨, 이런 식으로 각자가 다 조각해 나갈 동상의 부위를 맡아서 만들었다. 수백 년이 지나서 모든 조각 부위들이 한자리로 모아져 서로 결합이 되었을 때 믿어지지 않을 정도로 완벽하게 그 모든 부위들이 꼭 맞아떨어져서 예수님의 아름다운 동상 모양이 나오게 되었다. 우연으로는 불가능한 일이다. 오직 총지휘자이신 하나님의 총감독 행위에 의해서만 가능한 일인 것이다. 정확히 이것이 우리가 가지고 있는 성경이다. 약 1,600년의 시간을 격(隔)하여 살았던 40명의 사람들이 66권의 책을 썼는데, 한 완전한 인격이신 주 예수 그리스도를 그려 내는 완벽한 통일성 있는 책이 되어 나온 것이다."

어떤 사람들은 성경의 원본이 없는데 어떻게 현재의 성경을 믿을 수 있겠는가 반문합니다. 그러나 성경의 사본은 어떤 역사 문헌의 사본보다도 믿을 만한 것임이 이미 밝혀져 있습니다.

투키디데스의 역사학은 저술한 지 1,300년을 경과한 900년경의 8개의 사본이 존재하고, 아리스토텔레스의 시학은 1,400년을 경과한 1,100년경의 5개의 사본이 존재하고, 시저의 갈릭 전투의 역사는 기술한 지 1,000년 후의 9개의 사본이 존재하지만 의혹을 가지고 보는 사람은 없습니다.

역사상 가장 신뢰성이 높은 문헌은 일리아스인데 일리아스는 643종의 사본들을 가지고 있습니다.

여기에 비하여 신약성경의 사본은 20,000종을 넘고 있어 신뢰성이 가장 높은 일리아스에 비교해 보아도 성경은 견줄 수 없을 만큼 신뢰성이 높습니다.

현재의 성경의 내용이 원전과 달라졌을 가능성은 거의 없습니다.

고고학적으로 볼 때도 25,000곳이 넘는 발굴 지역들이, 성경에 나오는 도시와 왕과 나라와 사건과 인물들의 실존 사실을 입증함으로써 성경의 역사성과 정확성을 증명해 주고 있습니다.

고고학자 넬슨 글룩은 이렇게 말했습니다.

"이때까지의 고고학 발견 사실 가운데 성경의 기록과 어긋 났던 것은 단 하나도 없었다고 단언할 수 있다."

예수님은 친히 성경은 폐하지 못한다고 말씀하셨습니다(요 한복음, 10장 35절).
천지가 없어지기 전에는 성경의 일점일획(一點一劃)도 반드 시 없어지지 아니하고 다 이루리라고 말씀하셨습니다.
예수님은 자신의 생애와 그 주변의 구체적인 사건들이 성경 의 예언이 성취된 것임을 수시로 말씀하셨습니다(마태복음, 26장 54, 56절).
성경을 인용하심으로써 하나님의 권위를 나타내셨습니다.

성경은 하나님의 말씀입니다.
성경은 진리입니다.

성경이 우리에게 무엇을 선포합니까?

성경은 분명히 내세가 있다고 말합니다.
성경은 분명히 죽음 후의 영원한 세계가 있다고 말합니다.
사람이 죽는 것은 하나님께서 정하신 이치입니다.
예수님을 믿는 사람은 천국에서 영원히 행복하게 살 것이지만 믿지 않는 자는 지옥의 영원한 형벌을 받게 될 것입니다.
성경은 예수님을 믿고 따르는 길만이 인간이 구원받고 인간
답게 사는 유일한 길이라고 말합니다.
예수님만이 길이고 진리이며 생명이라고 말합니다.

성경을 하나님의 말씀으로 받으시고 예수님께로 한시바삐
나오십시오.
이번 주부터 성경을 하나님의 말씀으로 믿고 바르게 전하는
교회로 나가십시오.

결단하세요

이번 기회에 일평생을 바쳐도 후회하지 않을 참된 인생의 길,
진리와 사명을 찾으세요.

저는 찾았습니다.

예수 그리스도만이 우리의 참 소망입니다.
그분만이 길이요, 진리요, 생명입니다.
그분은 모든 것의 모든 것이 되십니다.
목숨을 걸고 보장합니다.

결단하세요

안녕하십니까?

그동안 어떻게 지내셨습니까?

제가 발견한 참 행복과 진리의 길을 말하지 않을 수 없어서
다시 한번 말씀드립니다.

예수 그리스도를 하나님으로 믿고 따르기로 결단하셨습니까?

참으로 잘하셨습니다.

바로 영성교회로 나오십시오.

정말 두 손 들어 환영합니다.

아직도 머뭇거리고 계십니까?

다시 한번 깊이 생각해 보시고 결단하시기 바랍니다.

예수 그리스도를 '나의 주, 나의 하나님'으로 믿으면 구원받
고 영원한 내세에 소망이 있지만, 믿지 않으면 허무 가운데
멸망할 수밖에 없습니다.

덴마크의 고독한 천재 철학자 키르케고르는 22살 때 이렇게 말했습니다.

"온 천하가 다 무너진다고 하더라도 이것만은 붙들고 놓을 수가 없다. 내가 그것을 위하여 살고 그것을 위하여 죽을 수밖에 없는 진리와 사명을 찾아야 한다."

이번 기회에 일평생을 바쳐도 후회하지 않을 참된 인생의 길, 진리와 사명을 찾으세요.

저는 찾았습니다.

예수 그리스도만이 우리의 참 소망입니다.
그분만이 길이요, 진리요, 생명입니다.
그분은 모든 것의 모든 것이 되십니다.

목숨을 걸고 보장합니다.
꼭 예수 믿고 구원받아 하나님 나라의 영광에 참여하시기를 바랍니다.
차차 믿으시겠다고요?

어거스틴은 이렇게 말했습니다.

"인생에 있어 중요한 때는 언제인가? 그것은 오직 현재이다.
이 현재의 순간을 놓쳐 버렸을 때 그것은 바로 인생을 놓쳐
버린 것이 되며 다시는 회복될 수 없는 영원한 것을 놓쳐 버
린 것이 된다."

이 시간 인생을 깊이 생각하고 결단하시기 바랍니다.

내일 우리에게 어떤 일이 일어날지 아무도 모릅니다.
최악의 경우에 우리는 이 세상과 이별할지도 모릅니다.

1889년 5월 31일, 미국 존스타운의 주민 220명이 삽시간에
몰살을 당했습니다.
장마로 인한 댐의 붕괴가 원인이었습니다.
그보다 보름 전, 댐의 안전도 조사원이 존스타운 주민들에게
경고했습니다.
"이 저수지는 위험해서 대책을 강구해야 합니다."

그러나 주민들은 "우리를 겁먹게 하지 마시오. 일어나지 않
은 일에 대해서."라고 대응했습니다.

그러나 미국 역사상 최악의 대홍수 사건은 일어났습니다.

죽음 저편의 세계를 준비합시다.
영원한 내세를 준비합시다.
생각지 않을 때에 죽음이 우리를 엄습할 수도 있습니다.
인류의 종말이 가까워지고 있습니다.
예수님께서 심판하기 위해 곧 오실 것입니다.

지금 이 자리에서 결단하세요.
모든 일의 실패는 다음으로 미루는 데 있습니다.

하나님의 은혜와 인도하심이 늘 함께하시기를 바랍니다.
당신의 구원을 간절히 빕니다.

윤광원

학력

공주사범대학(B. Ed.) 졸업
평택대학교 신학대학원(M. Div.) 졸업
개혁신학연구원(M. Div.) 졸업
합동신학대학원대학교 목회대학원 수료
Cambridge World University(D. Min., 설교학) 졸업
평택대학교 신학전문대학원(Th. D., 조직신학) 졸업

경력

평택고등학교 등 교사(사회, 윤리·도덕, 철학 등)
평택대학교, 피어선신학연구원, 화성총회신학원 외래교수(조직신학, 칼빈신학,
기독교철학, 기독교윤리, 비교종교학, 초대교회사 등)
현 대한예수교장로회(합동, 총신대학교) 영성교회 담임목사

저서

『哲學: 討論學習을 爲한 敎授-學習案』(세창문화사, 1988)
『존 칼빈의 자기부정의 렌즈로 본 신앙생활의 핵심』(한국학술정보, 2009)
『안 보면 영원히 손해 볼 성경해석 바로잡기 500』(한국학술정보, 2019)
『무슨 재미로 사세요?』(한국학술정보, 2019)
『칼빈신학과 한국신학』(공저)(성광문화사, 2009)
『칼빈신학 2009』(편집 및 공저)(도서출판 기쁜날, 2009)

전화 010-9077-0692번이나
이메일 ykw0111@hanmail.net으로 연락주시면 도와드리겠습니다.

- 꼭 드리고 싶은 마음의 말 -

영원을 준비하고
계시나요?

초판인쇄　2019년 12월 20일
초판발행　2019년 12월 20일

지은이　윤광원
펴낸이　채종준
펴낸곳　한국학술정보㈜
주소　경기도 파주시 회동길 230(문발동)
전화　031) 908-3181(대표)
팩스　031) 908-3189
홈페이지　http://ebook.kstudy.com
전자우편　출판사업부　publish@kstudy.com
등록　제일산-115호.(2000. 6. 19)

ISBN　978-89-268-9738-6　03230